MONSIEUR

BAVOILLOT

PAR

UN LANGROIS

Avec portrait photographique

(Se vend au profit de l'OEuvre des Vocations sacerdotales.)

LANGRES

IMPRIMERIE E. L'HUILLIER

1879

M. BAVOILLOT

MONSIEUR

BAVOILLOT

PAR

UN LANGROIS

Avec portrait photographique

(Se vend au profit de l'Œuvre des Vocations sacerdotales.)

LANGRES

IMPRIMERIE E. L'HUILLIER

1879

M. BAVOILLOT [1]

M. Bavoillot, chanoine de la cathédrale, vicaire-général de Mgr Bouange, est mort, à Langres, le 29 avril dernier au cours de sa 85° année. Je tiens à honneur de consacrer quelques pages à la mémoire de ce vénérable prêtre dont le nom mérite d'être conservé au livre d'or du diocèse, comme il vivra dans le souvenir reconnaissant de tous ceux dont il a été le bienfaiteur et l'ami.

I

Jean-André Bavoillot est né le 6 décembre 1794 au village de Latrecey, dans le canton de Château-villain, d'une famille d'honnêtes cultivateurs. Il n'était déjà plus dans sa première jeunesse quand,

[1] Cette Notice a paru d'abord dans la *Presse Langroise* (n°ˢ 1325 à 1331 ; — mai et juin 1879.)

obéissant à la vocation sacerdotale que Dieu lui
avait donnée, il vint à Langres suivre les cours du
collége, dirigé alors par M. l'abbé Huin (1), et que
fréquentaient en commun les aspirants du sanctuaire et ceux qui se destinaient aux professions
de la vie civile. Il y fut le condisciple du jeune
langrois qui devint plus tard le cardinal Morlot et
dont il ne cessa de rester l'ami.

Il entra ensuite au grand séminaire, que le cardinal de la Luzerne venait d'ouvrir en en confiant la
direction à M. l'abbé Barrillot (2), et après de rapides
études, les seules que permissent les temps difficiles qui avaient succédé à la révolution et où
il fallait pourvoir en hâte aux vides du sanctuaire dépeuplé par l'échafaud et par l'exil, il fut
ordonné prêtre le 23 octobre 1820, et immédiate-
ment nommé curé de Maizières-sur-Amance et de
Rougeux. Moins de quatre ans après, il était trans-
féré à la cure plus importante d'Is-en-Bassigny.
La situation était loin d'être facile pour le prêtre
dans cette paroisse quand l'abbé Bavoillot y arriva,
et je me souviens de lui avoir plus d'une fois en-

(1) Mort chanoine de la cathédrale de Langres.

(2) M. Barrillot a été vicaire-général des divers évêques
qui se sont succédé sur le siége de Langres de 1821 à
1871, année de sa mort. Mêlé, pendant un demi-siècle, à
toutes les affaires de l'Eglise de France, M. Barrillot y
était universellement connu. — « Ah ! Monsieur Barrillot!
» donnez-nous donc des nouvelles du déluge ! » lui dit
un jour, avec son esprit malin, l'évêque de Strasbourg,
Mgr Rœss, à qui il était présenté en 1853, à Mattaincourt,
et qui, sans l'avoir vu encore, le connaissait depuis long-
temps de réputation. M. Hutinel a remplacé, en 1871,
comme vicaire-général, ce prêtre des temps anciens, et
M. Maugère a publié, en 1874, sa biographie, chez F.
Daugien.

tendu dire quelle hostilité l'avait accueilli dans ce village dont les voltairiens en sabots ne parlaient de rien moins que de « faire des confitures » du curé qu'on leur envoyait. Le jeune prêtre sut si bien les prendre et changer leurs dispositions envers lui et leurs cœurs envers Dieu, qu'en 1826, quand il quitta Is pour Nogent-le-Roi, dont il venait d'être nommé curé-doyen, ce fut au milieu d'un regret universel et des larmes de ceux-là même qui, deux ans auparavant, l'avaient vu venir avec de si vives colères.

M. Bavoillot resta curé de Nogent jusqu'en 1833. Là aussi, son dévouement sacerdotal se prodigua au service des âmes qui lui étaient confiées. Il passait des journées entières et souvent — les veilles de fête — les nuits au confessionnal. On peut dire avec vérité qu'il renouvela l'esprit de cette populeuse paroisse. En la conquérant à Dieu, il s'y fit aimer, et aujourd'hui encore, après un demi-siècle, son souvenir y est resté vivant et vénéré.

II

En 1833, Mgr d'Orcet, qui avait succédé au cardinal de la Luzerne à qui le siége de Langres avait été rendu en 1817, (1) fut remplacé par Mgr

(1) Les difficultés parlementaires soulevées contre le

Matthieu, curé de la Magdeleine de Paris et vicaire-
général de Mgr de Quélen. Mgr Matthieu était doué
à un haut degré du don de discerner et de connaître
les hommes et de la volonté de se servir de ceux
qui pouvaient l'aider au bien de l'Eglise. Il distin-
gua du premier coup d'œil le jeune curé de Nogent-
le-Roi et, dès son arrivée, en 1833, il l'appela
auprès de lui comme vicaire-général, en remplacement de M. Donadei, vicaire-général de Mgr d'Orcet,
dont il faisait un chanoine de sa cathédrale.

Mgr Matthieu ne tarda pas à éprouver, dans une
circonstance grave, quel heureux choix il avait
fait. Il n'y a rien de nouveau sous le soleil et les
révolutions se suivent et se ressemblent. Après
1830, on parlait déjà, comme on le fait encore
aujourd'hui, d'abolir le concordat de 1817 et de
revenir à celui de l'an IX. C'était la suppression
de trente archevêchés et évêchés, que le concordat
de 1817 avait si utilement rétablis. Mgr Matthieu
comprit le péril et voulut y parer. Isolé, ses efforts eussent été infructueux; réunir ses collègues
pour aviser d'un commun accord aux mesures à
prendre, il n'y fallait pas songer. C'eût été l'ombre
d'un concile, et le pouvoir nouveau était trop voi-
sin des barricades qui l'avaient vu naître pour le
permettre. Le gouvernement de Louis-Philippe se
fût certainement armé, contre une réunion d'évêques,
des articles organiques de l'an X, à la légitimité

concordat de 1817 ne furent aplanies qu'en 1823. Le
cardinal de La Luzerne était mort en 1821 (le 27 juin;)
il ne put donc reprendre réellement possession du siége
que Louis XVIII lui avait rendu dès le lendemain du concordat et ce fut Mgr Gilbert-Paul-Aragonnés d'Orcet,
précédemment chanoine de Clermont, qui vint l'occuper
en 1824.

desquels il eût voulu croire pour la circonstance.
Mgr Matthieu était trop prudent et trop habile pour
essayer une lutte alors impossible. Il députa son
nouveau vicaire-général vers une grande partie de
ses collègues, à l'effet de se concerter avec eux
sans éveiller les susceptibilités du pouvoir. L'orage
passa sans éclater ; la mission de M. Bavoillot
devint sans objet, mais il l'avait remplie de sorte
à prouver à son évêque et à ceux vers lesquels il
avait été envoyé que le choix du négociateur était
excellent.

III

Mais Mgr Matthieu ne fit, pour ainsi dire, que
traverser le diocèse de Langres pour aller s'asseoir
sur le siége archiépiscopal de Besançon où la pour-
pre devait honorer son long et laborieux épiscopat.
Mgr Pierre-Louis Parisis, curé de Gien au diocèse
d'Orléans, lui succéda le 8 février 1835. Le nouvel
évêque de Langres avait 39 ans à peine, lorsqu'il
vint prendre possession de ce siége antique de
saint Sénateur dont il devait rajeunir la gloire par
ses luttes généreuses pour l'unité et pour la liberté
de l'Eglise.

Que le lecteur veuille bien se rappeler quel était,
dans l'ordre religieux, l'état des esprits à cette
époque. Le gallicanisme était ou semblait encore
tout puissant, et les écrivains hardis qui l'avaient
naguère dénoncé comme un péril pour l'Eglise de

France et pour la société civile elle-même n'avaient pu se faire pardonner encore l'éloquence et la témérité de leur attaque. Il y avait à peine quelques années qu'au lendemain même de son cardinalat, et comme pour en témoigner sa reconnaissance à Pie VII, M. de la Luzerne avait publié son livre en faveur des quatre articles et prêté à cette doctrine de servitude l'autorité de son caractère et de son talent. (1)

Par une conséquence, je dirais volontiers fatale, le gallicanisme avait glissé dans le jansénisme, et les âmes les plus sacerdotales n'avaient pu tout à fait se garantir contre le venin de cette subtile et désastreuse doctrine, qui découronnait Dieu de sa bonté, l'homme de ses espérances et n'allait à rien moins qu'à rendre à peu près inutile le sang du Calvaire.

Cet éloignement des esprits de Rome s'était encore manifesté par la création de liturgies locales, œuvres individuelles qui n'avaient pour elles ni la sûreté de la doctrine, ni la consécration du temps.

Ce n'est assurément pas calomnier le diocèse de Langres de dire qu'il ne s'était pas soustrait à l'influence des doctrines et des faits que je viens de signaler, et Mgr Parisis y trouva cette influence plus ou moins régnante, lorsqu'il y arriva.

Le nouvel évêque était *ultramontain*. Bien que ce mot ne fût pas encore à la mode parmi les adversaires de l'Eglise pour s'en servir comme d'un re-

---

(1) ...« Ces décrets et la doctrine gallicane qu'ils
« définissent sont fondés sur l'irréfragable autorité et
« munis de la plus grande certitude qui puisse exis-
« ter... » ! !

proche ou d'une injure, je l'emploie à dessein pour
en faire un éloge à Mgr Parisis et résumer ses
idées. Ce qu'il voulait, en effet, en montant sur le
siége que Mgr de La Luzerne avait illustré de sa foi
et de son nom, c'était combattre les doctrines du
plus gallican des évêques, ramener l'esprit à l'unité
— je ne parle pas des cœurs qui, grâce à Dieu, ne
s'en étaient pas éloignés — et les rattacher tout
entiers au centre afin qu'ils y puisâssent, avec des
règles de conduite uniforme, cette vie que les
branches de l'arbre ne peuvent recevoir que du
tronc qui les nourrit.

A ces difficultés générales la situation du diocèse
de Langres en ajoutait d'autres d'une nature parti-
culière, plus délicate et plus intime.

Quinze siècles de puissance et de gloire n'avaient
pas protégé l'évêché de Langres contre ce que
j'appellerai l'impérieuse volonté de réduction et de
simplification administrative du Premier-Consul,
et Pie VII avait dû le sacrifier comme beaucoup
d'autres à la nécessité de rétablir avant tout l'Eglise
de France sur les ruines du passé. L'évêché de
Langres avait été rattaché à celui de Dijon, qui
depuis soixante ans à peine en avait été démem-
bré, (1) et auquel la même impérieuse et déjà
impériale volonté avait imposé et le même esprit de
pacification avait préposé un ancien évêque cons-
titutionnel, Mgr Reymond.

(1) En 1731, par le crédit du prince de Condé,
gouverneur de Bourgogne, sous l'épiscopat de Pierre IV,
de Pardaillan de Gondrin d'Antin, petit-fils de Madame
de Montespan. Jusqu'à cette époque, le diocèse de
Langres avait compris presque tout le territoire de l'ancienne république des Lingons.

Un quart de siècle s'écoula avant que l'évêché de Langres fut rétabli. Mgr d'Orcet, qui y fut nommé er 1824, était un vieillard à qui son passé, son âge, le temps où il vécut ne permirent guère que l'exercice des plus éminentes vertus. Mgr Matthieu — je l'ai remarqué déjà — ne fit que passer, si bien qu'on pourrait dire que de 1790 à 1833, de l'exil de Mgr de La Luzerne à Mgr Parisis, le diocèse de Langres n'avait pas eu d'évêque, et que les deux premiers qui avaient renoué la chaîne des jours anciens n'avaient pas eu le temps de le gouverner.

Il y avait donc des doctrines à combattre et d'autres à faire prévaloir, des préjugés à vaincre ; il y avait à rompre des habitudes qu'on prenait pour des traditions.

Voilà, en 1835 — la date est à noter — l'œuvre qui se présentait à Mgr Parisis et à laquelle il apportait la vivacité de son amour pour l'Eglise, l'énergie de ses convictions, le zèle de son caractère et l'ardeur de son âge qui tenait encore à la jeunesse.

En arrivant, seul, dans un diocèse dont il ne connaissait rien par lui-même, Mgr Parisis avait eu pour premier soin de rappeler en charge les deux vicaires généraux de son prédécesseur, M. Caumont et M. Bavoillot. M. Caumont était un vieillard, qui touchait à la tombe et au ciel ; M. Bavoillot avait le même âge que l'évêque qui le prenait pour être son collaborateur le plus direct et le plus actif.

I V

Mais il y avait entre l'Evêque et son vicaire-général des différences de caractère, des divergences d'appréciation qui, par la force des choses, par la nature même de l'œuvre à laquelle ils se dévouaient tous les deux, devaient amener ertre eux d'inévitables dissentiments. Il n'y a que les sots qui auraient le droit de s'en étonner. Tous les esprits, en ce monde, n'appartiennent pas à la même famille : il y a les militants et les pacifiques, les empressés et les tranquilles. Pour les uns et pour les autres, hommes du devoir et du sacrifice, l'œuvre est la même ; mais ils ne s'entendent pas toujours sur les moyens qu'il est opportun d'employer pour arriver au but auquel un même sentiment a consacré leurs efforts.

Mgr Parisis et M. Bavoillot n'avaient tous les deux en vue que le bien des âmes et le service de l'Eglise, et leur vie entière en témoigne ; mais par suite même de cette différence de nature et d'esprit que je signalais tout à l'heure, ils devaient nécessairement différer sur l'emploi des moyens. Dans ces conditions, quelle que soit la générosité des hommes, quelque désintéressement de soi qu'ils apportent à l'œuvre commune, la collaboration devient de jour en jour plus difficile, et il arrive un instant où elle doit cesser. M. Bavoillot le comprit. En 1837, la cure de Langres étant devenue vacante

par la mort de M. Hudelet, M. Bavoillot échangea
contre elle sa position de vicaire-général, rentrant
ainsi dans ce qui semblait mieux convenir à sa nature, le service direct des âmes dans les fonctions
du ministère pastoral. Mais Mgr Parisis ne voulut
pas, pour cela, se priver d'un homme dont nul
plus que lui n'avait pu apprécier la droiture de
coup d'œil et la justesse d'esprit, et pendant toute
la durée de son épiscopat, il le conserva dans son
conseil comme vicaire-général honoraire.

Je n'ai pas cru devoir passer sous silence
ces dissentiments entre le vicaire-général et l'Evêque, d'abord parce que c'est la vérité, puis parce
qu'il m'a paru nécessaire de fixer à cet égard l'o-
pinion publique qui s'en était vivement préoc-
cupée et qui, mal éclairée, les avait naturellement
exagérés. Ces dissentiments, je le répète, s'expliquent par la différence de nature qui amenait des
divergences de jugement et d'appréciation dans la
pratique des affaires ; mais ils n'eurent jamais rien
qui atteignît en eux la dignité du caractère et l'honneur sacerdotal et ils ne diminuèrent jamais l'estime
et le respect mutuels de ces deux prêtres vénérés
dont l'opinion publique, trop disposée à prendre
ses impressions ou ses désirs pour des réalités,
avait fait deux adversaires, j'ai presque dit deux
ennemis.

Et à cet égard, il me revient en mémoire une
charmante et spirituelle parole de M. Bavoillot à
Mgr Parisis, qui résume à la fois ces exagérations
de l'opinion publique et l'affectueux respect que
ces deux hommes avaient l'un pour l'autre. C'était
en 1848 ; la République venait d'être proclamée.
Grâce aux républicains, cette forme de gouvernement n'a pas encore perdu le privilége d'effrayer

les esprits, même les moins disposés à la crainte. Quelle serait l'attitude du nouveau pouvoir à l'égard du clergé? La nouvelle République reprendrait-elle les errements de l'ancienne? serait-elle sanglante comme son aînée? En province, au milieu du trouble et du tumulte des premiers jours, on avait le droit de s'inquiéter, car rien ne faisait présager encore que la République allait incliner ses faisceaux devant la croix.

Plus qu'un autre peut-être, Mgr Parisis n'était pas rassuré. Les luttes qu'il soutenait depuis plusieurs années pour la liberté de l'enseignement et la liberté de l'Eglise avaient jeté un vif éclat sur lui; mais, en illustrant son nom, elles n'avaient fait que le recommander davantage à l'attention des ennemis de la religion et de la liberté, si ceux-ci venaient à triompher. Loin de prévoir que, quelques mois à peine écoulés, aux lieux mêmes où la tête de Louis XVI était tombée sur l'échafaud, il appellerait officiellement la bénédiction de Dieu sur la Constitution nouvelle, l'Evêque de Langres, au bruit des clameurs des vainqueurs de la veille qu'il entendait depuis son palais, se demandait où, le danger se révélant, il pourrait trouver un azile: « Venez chez moi, Monseigneur, — lui dit M. Bavoillot avec un fin sourire; — nul n'aura la pensée de venir vous y chercher. »

V

Revenons à 1837, époque à laquelle M. Bavoillot devint chanoine, archiprêtre de la cathédrale

et curé de Langres en remplacement de M. Hudelet, de douce et pieuse mémoire. Pour réussir dans
ces nouvelles fonctions, par lesquelles il reprenait
les habitudes de sa vie, il n'eut qu'à appliquer les
principes dont il s'était inspiré déjà, avec un si
grand profit pour les âmes, dans les trois paroisses
qui, de 1820 à 1833, lui avaient été successivement
confiées. Avec la netteté de coup d'œil qui le carac-
térisait, M. Bavoillot avait compris, en effet, que
si le prêtre, le curé, voulait rendre son ministère
utile et lui faire porter des fruits, il devait rompre
absolument avec les funestes traditions du jansénisme, soit dans la direction des âmes, soit dans
ses rapports avec ses paroissiens.

Le jansénisme, en faisant Dieu terrible et re-
doutable, rendait pour ainsi dire inaccessible le
sanctuaire où cependant l'amour infini de Jésus-
Christ pour les hommes le fait vivre parmi eux et
pour eux. Il fermait le tabernacle au lieu de
l'ouvrir et privait les âmes de l'aliment divin dont
Notre-Seigneur, en instituant l'Eucharistie, a voulu faire le principe unique de la vie et du salut. Or,
c'est là une erreur radicale, féconde en applications
désastreuses, pour la conduite des âmes qu'on
éloigne ou qu'on retient loin de Dieu au lieu de
les garder près de lui et de les lui ramener.

Le jansénisme se manifestait aussi en consé-
quences déplorables dans l'éducation du prêtre
appelé au ministère paroissial et dans les principes
de conduite dont on voulait lui faire une loi. On
enseignait, en effet, que le prêtre ne devait pas
aller dans le monde, mais attendre que le monde
vînt à lui, et encore devait-il alors placer entre le
monde et lui comme une infranchissable barrière.
Le presbytère et l'Église, là devait s'enfermer sa

vie et se déployer ou se consumer son zèle. Or,
c'était là une doctrine aussi peu chrétienne et
aussi fausse que possible. Appliquée, elle aurait
bientôt réalisé le rêve de Frédéric II, ce roi philo-
sophe, idéal des Francs-Maçons de nos jours, qui
voulait faire de l'Eglise « un hibou. » (1)

Je dois expliquer ma pensée. Qu'on élève le
prêtre à ne pas avoir l'esprit du monde, cela va
de soi, comme pour tous les chrétiens du reste,
puisque l'esprit du monde est directement opposé
à l'esprit de l'Evangile. Mais il faut élever le prêtre
pour agir sur les hommes et les attacher ou les
ramener à Dieu. Il est donc nécessaire qu'il ait
des rapports avec eux, pour pouvoir exercer sur
eux l'action de Dieu. Si les hommes ne viennent
pas au prêtre, il faut que le prêtre aille vers les
hommes, dût-il aller les chercher jusqu'au milieu
de leurs plaisirs ou de leurs fautes, pour ramener,
à l'exemple du divin Pasteur, la brebis perdue.

Le curé n'est ni un religieux, ni un moine, et
la mission de chacun d'eux est essentiellement dif-
férente. Si le moine doit vivre loin du monde et
rester au milieu des austérités du cloître, comme
Jean au désert, attendant les hommes qui vien-
dront y chercher ses conseils et l'exemple de ses
vertus, c'est au milieu du monde, en rapports con-
tinuels avec lui, que le curé doit vivre, ami des

(1) « Pour en finir avec l'Eglise catholique, — disait
un jour l'ami de Voltaire à ses amis — savez-vous ce
qu'il faut en faire ? Il faut en faire un hibou... » Vous
savez, Messieurs, ajoutait le P. Lacordaire, en racontant
cette anecdote caractéristique dans une de ses conférences
de Notre-Dame : — Cet oiseau solitaire et triste, qui
se tient dans un coin avec un air rechigné. »

publicains et des pécheurs, dûssent les Pharisiens lui reprocher comme au Fils de l'Homme de boire et de manger avec eux. (1) Et j'ajoute que vivre ainsi, et conquérir et garder le respect de tous en dépit des familiarités de la vie ordinaire, oblige plus qu'on ne croit à des vertus rares, puisque l'homme ne doit jamais faire oublier le prêtre à ceux qui sont les témoins habituels de son existence.

M. Bavoillot eut le mérite de rompre nettement avec ces traditions dont on ne saurait trop déplorer l'influence. « Je me suis fait tout à tous, afin de « les sauver tous et je fais tout en vue de l'Evan- « gile. » (2) Cette parole de St-Paul servit de règle à la conduite du nouveau curé de Langres.

Directeur des âmes, il se donna pour but de leur faire aimer Dieu, en leur montrant qu'elles avaient en Dieu un ami et un père, tenant toujours ses bras ouverts pour les accueillir et leur pardonner. Sans rien sacrifier jamais des inflexibles principes de la morale de l'Evangile, et en sachant rester ferme quand les droits de Dieu l'exigeaient, il fut le ministre de Celui qui avait dit à St-Pierre que ce n'était pas seulement sept fois, mais septante fois sept fois, c'est-à-dire toujours, qu'il fallait pardonner, parce qu'Il savait que les mérites du sang qu'Il allait répandre étaient infinis. Aussi les âmes venaient-elles en foule à celui qui leur tendait les deux mains pour les conduire au Christ-Sauveur et qui aurait volontiers porté sur ses épaules ces pauvres brebis blessées pour les remettre au bercail.

(1) V. St-Matthieu, chap. XI, v. 18 et 19.
(2) St-Paul, ép. aux Corinthiens I, 9. v. 22 et 23.

J'évoque là des souvenirs qui ne sont pas, je l'espère, oubliés. Qui ne se rappelle, en effet, l'aspect que présentait, les veilles de dimanche et les jours qui précédaient les grandes fêtes, la chapelle où confessait le vénérable curé ? Il y entrait quand on ouvrait l'Eglise pour n'en sortir que long-temps après l'heure où d'habitude on en ferme les portes, et c'était presque toujours pour confesser encore chez lui les pénitents qui l'y attendaient. Il avait devancé le jour pour faire sa méditation, et avait trouvé je ne sais où le temps de dire sa messe et son bréviaire. Oh ! quelles saintes vies que des vies ainsi employées, et que les malheureux qui ont du temps à perdre devraient bien pouvoir le donner au prêtre qui n'en a jamais assez !

Une des raisons de cette *popularité* de M. Bavoillot tenait aux rapports que, dès son avènement à la cure de Langres, il avait voulu établir avec toute sa paroisse, c'est-à-dire avec la ville entière. Il avait voulu aller partout, se faire connaître de tous, riches et pauvres, grands et petits, et, de longues années après, je l'entendais parler encore avec émotion de l'accueil que partout il avait rencontré. Toutes les portes s'étaient ouvertes devant lui, à l'exception d'une seule qui elle-même ne devait pas lui rester toujours fermée. Pour arriver à faire aimer Dieu par ses paroissiens, il avait voulu se faire aimer d'eux, et grâce à la bonté d'un cœur qui n'épargnait pas ses services, mais qui savait se répandre et se donner à tous, il y était aisément parvenu. Nulle famille où on ne le reçut, où on ne le fêtât comme un ami. Il avait la primeur de toutes les joies, il était le confident de toutes les tristesses, le consolateur de toutes les larmes. La douleur entrait-elle dans une maison, on était assuré de le voir accourir, et le mourant ne s'effrayait pas de voir, auprès de son lit d'agonie, pour le réconcilier avec Dieu et l'encourager à bien mourir, le prêtre, l'ami, dont il avait depuis long-temps éprouvé l'affection et le dévouement.

« *Je suis tout pour vous, notre ami,* ou *notre enfant !* »

Qui, dans une heure difficile, n'a entendu de lui cette parole, et n'en a senti la consolation et la force, parce qu'il sentait, à l'accent, que c'était le cœur d'un père qui la dictait à ses lèvres ?

Je suis convaincu que ma parole, en rappelant ces souvenirs, éveille un écho dans plus d'une mémoire demeurée reconnaissante et fidèle, et qu'elle ne sera pas démentie.

VI

Mais ce n'est pas seulement au confessionnal et dans ses rapports extérieurs avec ses parois-siens que l'intelligence et le zèle d'un curé se mainifestent. Il est pasteur des âmes et, par con-séquent, il doit subvenir à toutes les nécessités de la vie du troupeau confié à sa sollicitude. Or, la vie des âmes c'est Dieu lui-même, Dieu qui, ayant voulu associer l'homme à ses éternelles destinées, lui a imposé pour loi de le servir et de l'aimer en ce monde afin d'être possédé par lui dans le ciel. Mais pour aimer et pour servir Dieu, il faut le connaître, et c'est à faire connaître Dieu aux hommes que l'existence du prêtre doit être consacrée.

La prédication, tel est donc le résumé de la mission sacerdotale. Ce sont les enfants qu'il faut instruire et préparer à la vie, les jeunes-gens qu'il faut affermir dans la foi et soutenir contre l'inexpérience, la faiblesse et les entraînements de leur cœur, les hommes qu'il faut détromper de l'erreur et guérir des blessures de la vie pour les ramener à la vérité. De là cette série d'œuvres, catéchismes et sermons de toutes sortes et sous toutes formes, auxquelles doit se dévouer le prêtre qui est, par excellence, le ministre du Verbe, l'homme de la parole divine.

Mais, dira-t-on, le prêtre doit donc être un homme éloquent? — Non! l'éloquence ne lui est pas nécessaire et Dieu n'a pas mis la conquête des âmes au prix d'une élégante parole. Ce qu'il leur faut, c'est la foi dans le cœur de celui qui leur parle, c'est son dévouement, c'est son amour pour elles, et le curé de campagne, en soutane de bure, qui parle du bon Dieu à des paysans en blouse, a des accents pour les convaincre qui vont plus droit à leur âme que les phrases de tous les académiciens du monde. Je ne médis d'ailleurs pas de l'éloquence et je sais les services que Dieu lui demande et les secours qu'elle apporte à la vérité.

Puis, il faut remarquer qu'il y a plusieurs ordres de prêtres employés au ministère des âmes. « L'Enseignement catholique, pour être complet, « a besoin d'apôtres, de pasteurs et de docteurs. « L'Apôtre porte la vérité à ceux qui ne la connaissent pas encore : il est voyageur, allant « comme Jésus-Christ lui-même, par les villes et

« les bourgades, conversant et prêchant, annon-
« çant que le royaume de Dieu est proche, em-
« ployant un langage proportionné aux idées des
« peuples auxquels il se dévoue. Le pasteur en-
« seigne le troupeau déjà formé : il est sédentaire,
« jour et nuit à la disposition de ses brebis ; son
« langage est celui d'un homme parfaitement sûr
« de la communauté de pensées qui le lie à l'as-
« semblée des fidèles ; il n'invoque pas, comme
« Saint-Paul devant l'aréopage, les traditions
« païennes et le témoignage des poëtes profanes,
« mais seulement Jésus-Christ *auteur et consom-*
« *mateur de la foi.* Le docteur est préposé à l'en-
« seignement du sacerdoce et à la controverse de
« la vérité scientifique ; il est homme d'étude,
« passant sa vie au milieu du dépôt de la tradition,
« et contemplant, du point de vue le plus élevé
« où l'esprit humain puisse atteindre, la liaison
« divine de tous les phénomènes et de toutes les
« idées qui composent le mouvement de l'Uni-
« vers. » (1)

Je cite à dessein cette page empruntée à l'une
des œuvres les plus belles du prêtre le plus éminent de l'Eglise de France au XIXᵉ siècle, autant
pour justifier par lui ce que je viens de dire que
pour lui emprunter le portrait du pasteur dont
j'esquisse en ce moment la vie.

M. Bavoillot, en effet, était un pasteur, mais
n'était pas un orateur. Jeté dans le ministère après
de rapides études, il n'avait pas eu le loisir de le
devenir et avait dû laisser, sans la culture qu'il
exige, le don naturel de parole qu'il possédait.

(1) R. P. Lacordaire, *Mémoire pour le rétablissement
des Frères-Prêcheurs en France. Ch. II.*

Mais sa parole s'inspirait toujours de la vivacité de sa foi ; ses prônes, ses allocutions, ses discours étaient ceux d'un père, tout rempli de son affection dévouée pour ses enfants et de l'ardent désir qu'il avait du salut de leurs âmes. Il n'hésita jamais d'ailleurs à recourir aux apôtres du dehors pour évangéliser sa paroisse. De concert avec son évêque, il appela plusieurs fois des jésuites à prêcher le carême à la cathédrale, et le premier dominicain qui, après plus d'un demi-siècle d'intervalle, remonta dans la chaire de Saint-Mammès, en 1854, le R. P. Saudreau, avait été demandé par lui au père Lacordaire, dans un voyage que celui-ci fit à Langres, à la fin de 1852.

M. Bavoillot avait d'ailleurs un mérite — qui doit être difficile, car il est très-rare — c'est de ne pas tout attendre de lui-même et de s'entourer, pour faire son œuvre, des hommes les plus distingués qu'il rencontrait dans les rangs du jeune clergé, de ceux que lui recommandaient le succès de fortes études, la sagesse du jugement et le talent d'une parole qui chez plusieurs fut de l'éloquence. Je ne sache pas que, pendant dix-sept ans de ministère, jamais curé ait eu un état-major aussi éminent que celui que M. Bavoillot s'est donné le mérite et l'honneur de choisir. En lisant ces lignes. nul ne me reprochera de flatter personne. C'est de l'histoire locale que je raconte et je ne fais que proclamer la vérité devant des tombes prématurément ouvertes et devant des situations qui justifient ma parole. J'ai là, sous les yeux, le portrait si intelligent, si vivant, si souriant de M. l'abbé Guillemin, ce jeune prêtre si tôt ravi à notre estime, à notre affection, à des espérances qui ne craignaient pas d'être trompées ; — j'ai, sur mon bureau, les manuscrits de M. Vitu à qui je me reproche de n'avoir pas encore rendu l'hommage auquel a droit sa mémoire et que lui doit ma reconnaissance; — j'ai dans le souvenir, et pour ainsi dire encore dans l'oreille, tels et tels sermons de M. Hutinel, un notamment sur la lecture des romans, où l'éclat du style ne servait qu'à mettre en relief la solidité de la doctrine.

Certes, la chaire de St-Mammès a entendu d'éloquents prédicateurs depuis quelques trente années et les échos de notre vieille cathédrale en redisent encore les noms à notre souvenir; mais je n'affaiblirai pas l'éloge que ces apôtres de la vérité méritent en disant que pas un d'eux n'a dépassé la parole de M. Vitu dans ces conférences de 1851, où le plus nombreux auditoire d'hommes que jamais St-Mammès ait vu réuni, se laissait charmer et convaincre par un enseignement qui mettait, avec autant de liberté que de prudence, les vérités de l'Evangile en lumière et qui savait, en ces temps difficiles, la proclamer avec une incontestable autorité. (1)

(1) L'analyse substantielle de cinq de ces Conférences a paru, à cette époque, dans le *Courrier de la Haute-Marne*, un journal qui vécut quelques mois à Langres, et qui n'ayant plus de raison d'être après le 2 décembre, disparut au lendemain du coup d'Etat. On a vainement sollicité l'éloquent orateur de les publier; sa trop grande modestie s'est toujours refusée à un succès qui ne lui eût pas manqué. Il m'a paru qu'il n'était pas sans intérêt d'indiquer les titres de ces six Conférences.

1° *Du besoin des croyances dogmatiques.*
2° *Du besoin des croyances morales.*
3° *Du besoin de moralité.*
4° *Du besoin de l'autorité.*
5° *De la liberté.*
6° *Sur la question des riches et des pauvres, ou de la Justice et de la Charité.* (Ce dernier titre était celui d'un

C'est grâce au concours de deux de ses collaborateurs que M. Bavoillot put créer, dans sa paroisse, deux œuvres que le temps, au lieu de les détruire, a consacrées : les catéchismes de persévérance et la messe des hommes.

M. Bavoillot pensait, en effet, que l'année qui précède la première communion suffit à peine à donner aux enfants les notions chrétiennes qui leur sont nécessaires pour s'asseoir au banquet eucharistique.

Il importe de développer ensuite ces notions premières par un enseignement complet et plus approfondi, d'entretenir chez eux la vie et les habitudes de la foi à cette heure difficile qui touche à la jeunesse et de les prémunir peut-être ainsi contre les périls d'un âge où les passions qui s'éveillent, parfois terribles, décident souvent des destinées de tout l'homme. De là l'œuvre des catéchisme de persévérance qu'il confia à M. Vitu pour les garçons et à M. Hutinel pour les jeunes filles. C'est assez dire avec quelle science et avec quel dévouement cette œuvre fut remplie.

Les hommes étaient aussi l'une des préoccupations, la plus vive peut-être, de M. Bavoillot. Aux causes que j'ai déjà signalées et qui éloignaient les hommes de l'église et de la pratique de leur foi, il faut ajouter une grande ignorance des vérités religieuses, qu'expliquent en partie l'influence survivante du 18ᵉ siècle et celle des idées politiques,

petit livre de M. Cousin publié dans une soi-disant bibliothèque populaire de l'Académie des sciences morales et politiques, qui croyait à cette époque et qui croit peut-être encore aujourd'hui qu'on peut sauver la société avec des brochures.)

mal comprises, de l'époque, et l'on peut dire avec
vérité que les hommes de ce temps, on ne se sou-
ciaient pas de la religion, ou qu'ils avaient peur
d'un Dieu qu'ils ne connaissaient pas. Il ne faut
pas oublier non plus ce respect humain, étrange
chez une race qui a la prétention de ne se soumettre à aucune tyrannie, qui enserrait comme en un
cercle de fer ceux-là même qui sentaient palpiter
en eux les aspirations d'une conscience chrétienne.
Les temps sont changés, du moins on le croit ou
on le dit ; et ce que je raconte semblera peut-être
une exagération à la génération de nos jours qui
se flatte de ne pas rougir de ses croyances et de
ses idées ; mais à l'époque dont je parle, au lendemain de la Restauration, de la Révolution et de
l'Empire, il n'en était pas ainsi, et celui qui écrit
ces lignes se souvient d'avoir entendu dire au père
de Ravignan, qui le félicitait de vivre en un temps
moins tyrannique et moins funeste, qu'il était plus
facile alors d'affronter une balle sur un champ de
bataille que de faire publiquement le signe de la
croix.

C'est à cette situation que M. Bavoillot voulut
remédier. Pour avoir raison de l'ignorance, il sentit qu'il fallait instruire et dissiper les préjugés, et
pour combattre le respect humain, il comprit qu'il
importait de grouper les hommes entre eux et de
leur faire trouver dans leur nombre même la force
qui manquait trop souvent à l'individu. De là l'ins-
titution de la messe des hommes. Il existait à cette
époque, vis-à-vis la chapelle des Fonts baptismaux,
une vaste chapelle aujourd'hui démolie, et dont la
reconstruction, toujours promise, est toujours
ajournée (1). C'est là qu'on réunissait les enfants

(1) La question regardant l'Etat, le regret, trop légitime,

et les jeunes gens, pour les catéchismes. C'est là
que M. Bavoillot eut la pensée de créer une messe
où viendraient exclusivement les hommes les jours de
dimanche et de fête. Un enseignement spécial leur serait donné, et tout en en laissant le soin particulier à
celui de ses collaborateurs qui semblait le mieux
convenir à l'œuvre, le curé se réservait de venir
de temps en temps épancher son cœur au milieu
d'eux et leur parler plus pratiquement de leurs
devoirs avec l'autorité et le langage familier du
père de famille.

Je n'apprendrai rien à ceux qui me liront en leur
disant que cette œuvre a réussi et répondu aux
espérances de celui qui l'a fondée. Je n'ai pas à
leur dire davantage combien cet enseignement a été
doctrinal, éloquent, élevé, ni quelle lumière en a
jailli pour les intelligences et quelle conviction
chrétienne pour les cœurs.

Je me reprocherais d'oublier de parler ici de l'ad-
hésion empressée que M. Bavoillot donna à la société
de St-Vincent de-Paul. Cette société avait été fondée
très-peu d'années avant sa nomination à la cure de Langres. Je n'ai point à faire ici son histoire, je n'ai à en
démontrer ni l'utilité ni l'importance. En groupant
les chrétiens de toutes les opinions et de tous les
partis sous le drapeau unique de la charité, elle
créait autour de l'église et sous son autorité une
milice de défenseurs nouveaux qui mettaient leur
foi au service de toutes les œuvres que la charité
inspire. Cette œuvre, exclusivement laïque,

que j'exprime, n'implique aucun blâme contre l'administration paroissiale, qui a, j'en suis certain, les mêmes re-
grets que les miens, sur la démolition prématurée de cette
chapelle.

devait réussir jusqu'à inquiéter sans ombre de motif et de raison des gouvernements qui avaient peur des chrétiens et qui ne redoutaient pas les Francs-Maçons. Mais, par suite des préjugés gallicans, elle trouva à sa naissance, dans le clergé, une opposition que l'approbation et les faveurs mêmes de Rome ne désarmèrent pas tout d'abord. M. Bavoillot ne partagea jamais ni ces susceptibilités, ni ces inquiétudes inopportunes. Il vit dans cette société ce qu'elle était, une auxiliaire, et dès son apparition à Langres, il lui témoigna une sympathie dont il n'est que juste de lui attribuer la reconnaissance et l'honneur.

VII.

Jusqu'à présent j'ai désigné M. Bavoillot comme curé de Langres. Un moment vint où il ne fut plus que curé de la cathédrale. Il ne m'est pas permis de passer sous silence ce grave incident qui fait honneur à son caractère sacerdotal et qui met en vive lumière sa sagesse et l'esprit de dévouement auquel il obéit toujours.

Avant la Révolution, la ville de Langres était divisée en trois paroisses : St-Pierre et St-Paul, St-Amâtre et St-Martin. La cathédrale, elle, n'était point paroisse, elle était l'église de l'évêque et des quarante-six chanoines qui composaient le chapitre. C'étaient ceux-ci qui, dans l'origine, exerçaient à St-Pierre les fonctions curiales; depuis l'édit de

1686, ils échangèrent cette obligation contre le droit d'en nommer le curé. La Révolution vint, fermant, démolissant et aliénant les églises dont elle avait fait des propriétés nationales. Quand le Concordat rétablit l'Eglise de France, St-Amâtre et St-Pierre n'étaient plus que des ruines (1). St-Martin, qui avait été vendu à vil prix, servait aux plus vulgaires et aux plus profanes usages. La cathédrale devint la paroisse unique de la ville et cet état de choses se prolongea jusqu'en 1844. Mais dès 1823, trois prêtres, tous les trois chanoines, vénérés dans le souvenir de tous les langrois, MM. Barrois, Goirot et Varney, rachetèrent le chœur et une portion des nefs — les deux tiers environ de l'ancienne église St-Martin. Leur intention était de rendre au culte cette église à laquelle MM. Goirot et Varney, qui en avaient été chapelains avant 1789, étaient attachés par les doux et puissants souvenirs de leur jeunesse sacerdotale. Des travaux de restauration furent aussitôt commencés, et le 8 septembre 1830 — jour de la fête de la Nativité de la St-Vierge — la messe fut célébrée à St-Martin pour la première fois depuis quarante ans! Le reste de l'église, qui n'avait pu être racheté encore, servait de grange et d'écurie; et l'on nourrissait des porcs dans l'ancienne chapelle des Fonts, qui se trouvait sous la tour. Grâce aux sacrifices de la charité, le dernier tiers de St-Martin fut reconquis, et Monseigneur Parisis, qui avait réconcilié l'église, y officia pontificalement le 26 août 1839 (2).

(1) De St-Pierre et St-Paul et de St-Amâtre, il ne reste plus d'autre souvenir que le nom de trois rues. Encore ne suis-je pas bien sûr que le nom de la rue St-Paul n'ait pas disparu depuis quelques années.

(2) J'ai emprunté ces détails à un savant travail de M.

Dans ces conditions, St-Martin servait depuis 1830 d'annexe à la cathédrale. On y célébrait plusieurs messes tous les jours; M. le curé de Langres le desservait avec ses vicaires; ils y venaient, à tour de rôle, remplir les offices du dimanche et des fêtes et y répétaient les instructions qu'ils avaient prêchées le dimanche précédent à la cathédrale. Il n'y avait d'ailleurs d'autres catéchismes que ceux de St-Mammès pour tous les enfants de la paroisse, et tous les autres actes de la vie religieuse ne s'accomplissaient que là.

Mais cette situation d'annexe ne répondait pas, pour St-Martin, aux désirs de ceux qui avaient mis leur zèle à son service. Ce qu'ils voulaient, ce que demandait avec eux la partie de la population groupée autour de cette église, c'est qu'elle eût sa vie propre, s'administrât elle-même, qu'elle fût érigée en paroisse en un mot. La persévérance de leurs efforts, secondés par Mgr Parisis et par l'administration municipale de l'époque, obtint gain de cause; le 24 novembre 1844, le roi Louis Philippe signait une ordonnance qui érigeait l'église St-Martin en succursale, et désormais la ville de Langres comptait deux paroisses au lieu d'une.

M. Bavoillot n'était point partisan de cette séparation; mais l'opposition qu'il y fit ne s'inspira que de sa conscience et nullement de son intérêt personnel. On a pu croire peut-être et dire le contraire

l'abbé Daguin, curé de Perrancey, publié (p. 182 et 15) dans le premier volume *des Annales de la société archéologique* de Langres. M. Daguin est mort en 1870, pendant la dernière guerre. Il a laissé des documents importants et curieux pour l'histoire du diocèse. En citant ici son nom, je suis heureux de rendre hommage à sa mémoire et à l'amitié dont il m'honorait, et attribuer son opposition à cette disposition naturelle à l'homme à ne rien perdre de son pouvoir et à vouloir le retenir entre ses mains tout entier. C'était faire une injure au caractère du prêtre en général et ne pas accorder à M. Bavoillot la justice à laquelle il avait droit. Voir diminuer sa paroisse c'est voir diminuer sa responsabilité, et qui connaît le poids des âmes comprendra qu'un prêtre ne craigne pas de sentir s'alléger son fardeau, quand la chose est possible. Aussi, en résistant à la séparation qui lui était demandée, M. Bavoillot obéissait-il non pas aux petits calculs d'une ambition humaine et mesquine, mais à des raisons de conscience, à des prévisions de sagesse qui sont, toutes, à son honneur. Il ne croyait pas qu'il fût utile, il craignait qu'il ne fût pas bon de scinder la ville en deux, pas plus dans l'ordre religieux que dans l'ordre civil, et de s'exposer par là à créer deux esprits et deux tendances dans une population restreinte à laquelle une seule paroisse avait suffi jusqu'à ce jour, sans que jamais la vie religieuse, dans toute sa plénitude, lui eût jamais manqué. La situation de la ville avant la révolution, partagée qu'elle était alors en trois paroisses, ne pouvait être opposée aux désirs légitimes qu'avait le père de famille de ne pas abandonner une partie de ses enfants à une autre direction, à une autre affection que la sienne. Le présent, en effet, ne ressemblait pas au passé. Langres, avant 1789, était une ville essentiellement et presqu'exclusivement ecclésiastique ; les idées, les habitudes de la vie y étaient autres, et la diversité des paroisses disparaissait, pour ainsi dire, dans la situation générale. Aujourd'hui tout était changé ; la comparaison du présent avec le passé n'était pas possible ; elle manquait de base.

. M. Bavoillot avait donc le droit de penser qu'une innovation serait dangereuse; son devoir était de s'y opposer, quoiqu'on en pût dire; il eut le courage de le remplir, quoiqu'on pût lui en vouloir. Mais il ne dépassa pas plus son devoir que son droit. Une autorité, dont il respectait la responsabilité supérieure à la sienne, ne partageait pas ses craintes et sa pensée; Rome, consultée, permettait à l'évêque de suivre ses désirs; M. Bavoillot imposa silence à sa conviction, il donna un consentement qu'il pouvait refuser, et c'est ainsi qu'après avoir été curé de Langres il ne fut plus que curé de St-Mammès. Un de ses anciens vicaires qui, dans l'intervalle, avait été curé-doyen de Vignory, M. Javillard, fut nommé curé de la nouvelle paroisse.

VIII.

Dix années s'écoulèrent; M. Bavoillot touchait à sa soixantième année. A qui a assisté à sa verte et vigoureuse vieillesse et a pu jouir de cette plénitude de sens et de vie qui ne l'a abandonné que trois jours avant sa mort, quand celle-ci le frappa de sa foudre comme un vieux chêne debout au milieu de la forêt, et qui a résisté aux hivers et aux orages, je n'apprendrai rien en disant, qu'à cet âge encore, M. Bavoillot n'avait rien perdu de sa force et restait capable de rendre, comme curé, d'éminents services. Mais soixante ans était l'âge qu'il s'était depuis long-temps fixé pour se retirer de la vie active. Il ne voulait pas que l'âge l'éteignît avant sa mort et que le droit d'inamovibilité de ses fonctions le prolongeât dans son ministère au delà de la raison et de la conscience. Il sentait aussi qu'il n'était peut-être plus en harmonie, autant qu'il jugeait nécessaire de l'être, avec les idées et les aspirations d'un temps qui avait vécu plus vite que lui, et pour tout dire en un mot, qu'il devait laisser la place aux jeunes. Il avait auprès de lui des vicaires qui n'avaient pas cessé d'être ses collaborateurs, aussi dévoués qu'actifs, depuis le jour même où il était devenu curé. L'un d'eux venait d'être appelé à la cure du chef-lieu du département, où il devait, au prix de quels sacrifices! — Dieu le sait et Chaumont ne l'a certainement pas oublié — semer pendant vingt ans autour de lui la résurrection et la vie. M. Bavoillot ne voulut pas que l'autre fût privé par lui du droit d'apporter, comme curé, le contingent de son intelligence et de son cœur, l'initiative de son esprit et de ses idées à l'œuvre pour laquelle celui-ci l'avait, pendant dix-sept ans, secondé.

Il ne pouvait pas prévoir d'ailleurs le nombre d'années que Dieu lui ménageait encore, mais il ne voulait pas être surpris par la mort avant de s'être ménagé contre elle un intervalle pour se préparer à l'éternité. Par sa retraite volontaire il voulait enfin donner un exemple. Aussi lorsque le vieux M. Rieusset (1) acheva de vivre au mois d'octobre

(1) *M. Rieusset* n'appartenait pas au diocèse de Langres. Il y était venu comme précepteur des enfants de M. de Jerphanion, préfet de la Haute-Marne sous le premier empire. C'est lui qui fit l'éducation de son fils, Mgr de Jerphanion, mort archevêque d'Alby. L'empire tombé, M. Rieusset était resté dans le diocèse ; il y était devenu

1854, M. Bavoillot saisit-il l'occasion de cette mort,
depuis long-temps prévue, pour prendre sa place
au chapitre, et sur le désir qu'il en manifesta
à Mgr Guerrin, qui avait succédé à Mgr Parisis, M. l'abbé Hutinel fut nommé pour le rempla-
cer comme chanoine archiprêtre et curé de la cathédrale (1).

I X.

M. Bavoillot quitta la maison curiale, qu'il n'oc-
cupait que depuis quelques années (2), et il revint

chanoine. C'était un prêtre de douces et aimables vertus.
Il était l'ami de l'abbé Matthieu, auteur de nombreux travaux et collecteur de très-précieux documents concernant
le diocèse. Ces travaux, manuscrits, font partie de la bibliothèque du grand séminaire. M. Rieusset publia en 1844
(chez Laurent-Bournot) une édition de *L'Abrégé chronolo-
gique de l'histoire des évêques de Langres* par son savant
ami. Ce travail de l'abbé Math'eu avait originairement
paru dans les *Annuaires du département de la Haute-
Marne* publiés en 1808 et les années suivantes par ordre
du préfet. (également chez Laurent-Bournot).

(1) Par suite de l'organisation actuelle des chapitres le
curé des églises cathédrales est chanoine, il ne peut donc
être remplacé qu'en cas de vacance d'un autre canonicat.

(2) Après la révolution, l'évêché de Langres n'ayant
pas été rétabli, les bâtiments, à demi-ruinés, de l'ancienne
habitation de Mgr de la Luzerne, avaient servi d'azile au
grand séminaire, quand on le reforma en 1817, pour les
élèves ecclésiastiques du diocèse. En 1824, Mgr d'Orcet

habiter la petite maison qu'il avait achetée place
de la Trésorerie, au proche du grand séminaire, en
face de ce vaste et grand horizon que bornent les
montagnes des Vosges et dont il se plaisait à in-
terroger les profondeurs pour y distinguer le Mont-
Blanc.

C'est dans cette petite maison qu'il passa les
vingt-cinq dernières années de sa vie, consacrée
par lui à l'humble et fidèle accomplissement de ses
obligations canoniales. Bien qu'il aimât toujours
à s'entendre appeler « *monsieur le curé* » par tous
ceux qui n'avaient pu se deshabituer de ce nom
paternel, il ne l'était plus et ne voulait plus l'être
et s'effaçait naturellement devant le successeur
qu'il s'était choisi, sûr que celui-ci répondrait à
tous ses désirs et à toutes ses espérances « *Oportet
illum crescere, me autem minui* » (1). Cette parole
du Saint-Précurseur ne lui coûtait nullement à
mettre en pratique. Mais il n'était pas le maître
de se faire oublier. En abdiquant sa cure, il n'avait
pu abdiquer la confiance et l'estime que son dévouement lui avait méritées, et il les avait vues
grandir, au contraire, par le rare et noble exemple
de désintéressement qu'il avait donné. Les âmes

vint habiter la maison que M. le curé Baudot avait donnée
à la ville pour servir de presbytère, et cet état de choses se
prolongea sous ses successeurs. En 1847, Mgr Parisis acheta
des héritiers de Chalancey ce qui restait des bâtiments de
l'ancien couvent des Jacobins et convertit cet hôtel en
évêché. Le Gouvernement, obligé de loger les Evêques,
prit plus tard cette acquisition à son compte; c'est alors,
en 1847, que M. Bavoillot quitta sa petite maison, qui
lui servait de cure, pour reprendre possession de la maison curiale.

(1) « Il faut qu'il grandisse et que je diminue. » St-
Jean, ch. 3. v. 30

qu'il dirigeait étaient restées fidèles à une direction
dont elles éprouvaient la sagesse, et ses nombreux
amis ne trouvaient dans sa retraite qu'une raison
de jouir plus à loisir d'une amitié que des occupa-
tions multipliées ne leur disputaient plus. Toutes
les œuvres sacerdotales ne cessaient pas non plus
d'occuper son zèle. Aussi, pour n'être plus dévorée
par les soucis et par les soins incessants du ministère actif, la vie de M. Bavoillot était loin d'être
oisive. Il n'avait d'ailleurs pas cessé d'être vicaire-
général. J'ai déjà dit que Mgr Parisis lui en avait
continué l'honneur quand il était devenu curé de
Langres. Plus tard, en 1851, quand ce grand
évêque quitta le diocèse où il avait illustré son
nom, pour devenir évêque d'Arras, sur les ins-
tances des représentants du Pas-de-Calais, ses collègues à l'Assemblée législative et sur les ordres
du Saint Siége (1), M. Bavoillot avait administré le
diocèse, comme vicaire-général capitulaire, de concert avec MM. Barillot et Vouriot, pendant la vacance du siége. Quand Mgr Guerrin nous fut donné
pour évêque, il n'eut garde de ne pas prendre auprès
de lui le prêtre dont il connaissait la sagesse soit
par Mgr Matthieu, soit par lui-même, et si peu
prodigue qu'il fût des lettres de vicaire-général, il
s'empressa de lui conférer cette dignité afin d'être
assisté par lui dans l'administration de son diocèse
et il le garda dans son conseil jusqu'au jour où
Dieu nous l'enleva lui-même pour couronner sa
sainteté.

(1) Après le cardinal de la Tour d'Auvergne, qui venait de mourir au terme d'une longue vieillesse et d'un
long épiscopat. On crut que l'autorité d'un homme aussi
considérable que Mgr Parisis pouvait seul suffire à la direction de ce vaste diocèse et s'opposer à l'invasion du pro-
testantisme anglican qui le convoitait comme une proie à
sa portée.

Quand il lui restait des loisirs, M. Bavoillot en profitait pour la lecture rapide d'un journal; il les employait surtout à l'étude des auteurs chrétiens que l'activité de son ministère lui avait laissé le regret de ne pas assez connaître. Bossuet surtout avait ses préférences et on l'a vu plus d'une fois, à la sacristie de la cathédrale où il venait de faire sa méditation matinale, occuper le temps qni précédait sa messe à lire quelqu'une des œuvres du plus puissant écrivain et du plus fier génie dont la France ait le droit de s'honorer.

Et c'est ainsi occupée au service du diocèse et des âmes que s'écoulait humblement sa vie, au milieu de l'affection d'un grand nombre et du respect universel.

X.

Avant que la vieillesse le saisisse tout à fait, je voudrais pouvoir retrouver et fixer d'un crayon fidèle la physonomie du vénérable prêtre et, ne fût-ce que d'un trait, indiquer le calme de ce front plein de paix, cette finesse de lèvres qui savaient et qui pouvaient sourire, cette perspicacité d'un regard qui s'éclairait aux profondeurs de l'âme et qui lisait au plus intime de la vôtre, cet enjouement d'un esprit aimable, qui comprenait toujours, si même il ne devinait pas, et qui ne se refusait pas la douce malice d'une critique ou d'une répartie, et cette possession de soi-même qui permet à l'homme de parler ou de se taire.

Je voudrais surtout insister sur cette qualité de premier ordre chez un prêtre et qui a distingué M. Bavoillot : le don de conseil. C'est un don plus rare qu'on ne pense et l'exercice n'en est pas toujours facile. Si la chose sur laquelle on le consultait n'en valait pas la peine, — et l'on m'accordera que cela devait souvent arriver — il avait l'art de deviner le secret désir de la personne qui se croyait obligée à le consulter pour l'acquit de sa conscience — comme on dit, — et de ne pas mettre l'opposition d'une parole inutile entre le désir et le but auquel on voulait arriver. Mais pour peu que la chose le méritât et que le conseil fût demandé par une bonne foi qui voulait se soumettre à l'avis qu'elle sollicitait, un conseil net, précis, sûr, était donné. Le pour et le contre étaient pesés au poids de la conscience et tous ceux qui, dans ces circonstances, ont interrogé M. Bavoillot, savent avec quelle fermeté judicieuse il leur était répondu. Je pourrais en multiplier les exemples ; je n'en citerai qu'un qui appartient à l'histoire.

En 1845, cédant à la spontanéité d'une pensée qui, en soi, était juste, mais dont il n'a point paru que la réalisation fût possible, Monseigneur Parisis crut que, pour la bonne direction des esprits et des études dans son grand séminaire, il conviendrait d'en unir les directeurs et les professeurs par les liens d'une communauté religieuse, analogue à celle des Sulpiciens ou des Lazaristes. Au nombre des professeurs se trouvait alors M. l'abbé Darboy, qui était chargé d'enseigner la théologie dogmatique. M. Darboy ne se croyait point appelé à une vie de quasi-religieux qui ne convenait pas à la nature de son esprit; mais il fallait alors sacrifier sa position. Il soumit à M. Bavoillot les scrupules d'une âme éminemment sacerdotale et toujours sincère avec elle-même. M. Bavoillot n'hésita pas à lui conseiller de sacrifier sa position et d'aller à Paris : « Vous êtes appelé à être évêque — lui dit-il —; et c'est là que vous le deviendrez. »

Langres perdit M. Darboy, Paris y gagna un grand archevêque et l'Église de France un martyr.

J'ai su le fait par celui qui avait donné le conseil et par celui qui l'avait suivi.

XI.

Les années, cependant, se succédaient pour M. Bavoillot; l'âge venait, le couronnant de cheveux blancs et de vertus. Il vivait dans une intimité de jour en jour plus grande avec Dieu, et s'efforçait de rapprocher du divin Maître davantage les âmes qu'il ne cessa de diriger jusqu'à la fin. Son dévouement pour elles s'animait d'une ardeur plus vive au lieu de s'éteindre, et ses amis ne l'ont jamais trouvé plus tendrement à eux, plus préoccupé de tout ce qui les touchait qu'en ces années extrêmes. Ainsi, un jour, on avait accusé d'improbité auprès de lui quelqu'un qu'il aimait; — celui-ci le vit accourir dès le lendemain, appuyant sur son bâton ses pas hésitants — il était déjà presqu'aveugle à cette époque; — il connaissait l'accusateur comme un homme de plus d'imagination que de jugement et téméraire en ses appréciations, mais bien que cela seul le tînt en garde, son affection s'était profondément émue; il n'avait pas dormi de la nuit et s'était empressé, dès le matin, de venir vers son ami, lui demander de le rassurer ou de réparer sa faute. Pièces en main, l'accusé lui prouva qu'on s'était trompé et qu'on l'avait trompé, et sa joie fut aussi grande que l'avait été son inquiétude.

Ainsi encore, il avait vu s'égarer un instant dans des voies dangereuses un ami qu'il aimait d'une tendresse qui s'était accrue avec les années et les soins qu'il avait donnés à son âme. Jamais il ne permit à personne de l'accuser auprès de lui ou en sa présence, rappelant ainsi ceux qui les oubliaient trop aisément aux préceptes d'une charité qui, si elle est la première loi des chrétiens, n'est pas toujours obéie comme elle devrait l'être. Je multiplierais, s'il était besoin, les traits de ce genre.

Mais avec la vieillesse les infirmités et les peines étaient venues. Quand nous touchons à la fin de la vie, il semble que Dieu veuille nous déprendre d'elle et nous rapprocher de lui par la douleur. M. Bavoillot eut deux épreuves surtout, entre plusieurs, à subir. Il avait quatre-vingt ans déjà quand il perdit sa sœur. Celle-ci, depuis plus d'un demi-siècle, avait consacré sa vie à celle de son frère et l'entourait de tous les soins d'une affection, je dirais volontiers un peu grondeuse et jalouse, comme celle d'une mère; elle lui manquait à l'heure où des infirmités cruelles s'abattaient sur lui et lui faisaient de cette mort une privation plus grande; le saint vieillard se résigna, et offrit à Dieu le sacrifice que Dieu lui demandait!

Une autre épreuve lui était encore réservée.

M. Bavoillot n'était pas seulement le vicaire-général de Mgr Guerrin, il était aussi son confesseur et son ami, et, depuis vingt-cinq ans, il tenait entre les mains cette âme d'un saint qu'il préparait à la gloire des récompenses éternelles. Qui dira la force des liens qui unissent les deux âmes du pénitent et du confesseur ? Le pénitent dit au confesseur « mon père » et celui-ci appelle « mon fils » celui qui, évêque ou prince, riche ou misérable, se met à genoux devant lui, et ces deux noms sont vrais tous les deux et seuls capables d'exprimer la réalité et la puissance de cette union spirituelle qui engendre des âmes à la vie divine, et plus sont grands les désirs et les efforts de celui qui s'accuse pour parvenir à la sainteté, plus cette union devient intime et profonde.

Or, pendant vingt-cinq ans, M. Bavoillot avait été le confesseur de Mgr Guerrin et pas une semaine ne s'est passée qu'il n'allât à l'évêché remplir sa tâche. Quand les infirmités survenantes ne lui permirent plus de sortir, ce fut le fils qui vint trouver son père et qui montait humblement l'escalier de la petite maison que j'ai dite pour venir raconter son âme à celui qu'il avait choisi pour la diriger ! On peut imaginer quel coup ce fut pour M. Bavoillot que cette mort de Mgr Guerrin, si triomphale fût-elle ; ceux-là ne l'oublieront pas qui l'ont vu courbé sous cette profonde douleur (1) !

(1) On a beaucoup loué déjà ce saint évêque dont la mémoire ne sera pas moins durable que le marbre qui immortalisera ses traits. Mgr Besson — on s'en souvient — a, lui aussi, taillé de sa main magistrale sa statue pour l'histoire, et j'ai connu l'impression profonde qu'avait ressentie M. Bavoillot en écoutant cette oraison funèbre qui vibrait à l'unisson de son cœur. Mais je ne dois pas oublier, qu'aveugle déjà, il s'est fait lire et qu'il a écouté en pleurant

Avec les peines de l'âme, les peines du corps — —
et entre toutes la plus cruelle, la cécité. Le vieillard
devenait aveugle ! Cette infirmité n'enleva rien à
l'égalité de son humeur ni à la sérénité de son âme.
Il voyait au dedans de lui Dieu, dont il ne pouvait
plus contempler l'image sur l'autel. Un ami lui
lisait son bréviaire (1), et tant qu'il put sortir —
jusque dans les derniers mois de sa vie — il disait
sa messe. C'était — il me l'a dit souvent, — sa
plus nécessaire consolation. Il savait par cœur la
messe de la Sainte-Vierge et celle des Morts et il
avait obtenu de Rome la permission de ne célébrer
que l'une ou l'autre. Dès une heure matinale, il s'y
préparait à la sacristie par une prière fervente
dont étaient profondément édifiés les prêtres qui le
voyaient ainsi prier ; puis, son bâton à la main, il
s'avançait, en chancelant un peu, à l'autel où tout était
préparé d'avance pour le St-Sacrifice et où un jeune
prêtre, d'autant de dévouement que de zèle, ne
manqua jamais de l'assister (2). Il fut aussi, tant
qu'il le put, fidèle à l'office canonial, et l'on put le
voir, presque jusqu'à la fin, à sa stalle, avec sa belle
tête à cheveux blancs, et l'entendre, de sa voix
chevrotante et cassée, réciter les répons à son
tour.

Bientôt il lui fut impossible de quitter le coin de
son feu et la consolation de dire sa messe et d'assister à l'office lui fut refusée. Il vécut, de plus en

l'article que le rédacteur en chef de la *Presse Langroise*
a écrit sur Mgr Guerrin dans le numéro du 18 mars 1877.
Les larmes du vieil ami du vieil évêque sont un éloge que
je suis heureux de rapporter à qui le mérite.

(1) M. l'abbé Bégrand, chapelain de la cathédrale.

(2) M. l'abbé Perriot, supérieur du grand séminaire, et
vicaire-général honoraire.

plus, au dedans, sans s'irriter jamais contre les misères de sa vie, toujours souriant à la visite que Dieu lui faisait par la douleur. Parfois la souffrance qu'il éprouvait à la tête était telle qu'elle troublait un instant la pleine possession qu'il eut toujours de lui-même ; il ne se croyait plus chez lui et voulait y retourner ; l'accès passé, il se rendait compte de cet oubli d'un moment et en parlait avec une douce ironie. Jamais, du reste, ceux qui persistèrent à s'adresser à lui jusqu'à sa mort ne constatèrent aucune distraction de son âme au tribunal de la pénitence ; ils ne sentaient, en écoutant ses derniers conseils, qu'une ardeur plus vive chez lui, et chez eux un plus vif désir d'aimer Dieu. Leur âme s'échauffait aux derniers rayons de cette flamme qui allait tout à l'heure s'éteindre. Aux amis qui venaient le voir et l'écouter, il parlait du Pape, de l'Eglise et de la France, ces trois objets persévérants de son immortel amour, et, s'oubliant toujours, il leur parlait d'eux, s'intéressant à tout ce qui faisait leur tristesse, leur joie ou leur espérance. ô admirable vieillesse des prêtres de Jésus-Christ ! Quelles inoubliables leçons vous donnez à ceux à qui Dieu fait la grâce de vous contempler !

Je lui vis un jour des scrupules. C'était quelques semaines avant sa mort. Chanoine et vicaire-général — (Mgr Bouange avait voulu honorer son épiscopat en lui conservant cette dignité que lui avait conféré le Chapitre pendant la vacance du siége) — il ne pouvait plus assister ni à l'office, ni au conseil. Sa conscience s'en inquiétait ; il voulait aller trouver son évêque et renoncer, à ses pieds, à cette double charge. La mort se chargea de le délier de ses scrupules. Le 26 avril, il fut frappé par elle d'apoplexie et perdit aussitôt connaissance. Son vieil ami, le docteur Montécot, qui le soignait depuis cinquante ans, se sentit impuissant à retarder cet appel de la mort. L'extrême-onction lui fut donnée par M. Flocard, curé de la cathédrale, et en l'absence de Mgr Bouange, que ses visites pastorales privèrent de cette consolation, son jeune et éminent vicaire-général, M. Ravry (1). ouvrit au mourant les portes du ciel par une bénédiction suprême!

XII.

Puissent ces pages rapides avoir retracé l'image de M. Bavoillot aux yeux de ceux qui l'ont connu et dans le souvenir de ceux qui l'ont aimé ! Je les dépose sur sa tombe, comme un hommage de ma reconnaissance et de mon humble et profonde affection !

UN LANGROIS.

Langres, le 4 juin 1879.

(1) M. Ravry, vicaire-général honoraire depuis 1869 a succédé en 1876, comme titulaire, à M. Vouriot dont je regretterais de ne pas signaler, au moins d'un mot, la science et les services rendus par lui à l'Eglise de France et au diocèse de Langres.

Langres, imp. E. L'huillier.